J'espère que jamais tu ne sauras que c'est de toi dont je parle.

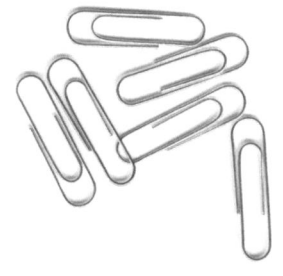

J'espère que jamais tu ne sauras
que c'est de toi dont je parle.

*Copyright © 2022
Elyna De Geetere ;
tous droits réservés.
@apsuandtiamat*

*Édition : BoD – Books on Demand, info@bod.fr
Impression : BoD – Books on Demand,
In de Tarpen 42, Norderstedt (Allemagne)
Impression à la demande
ISBN : 978-2-3224-6134-9
Dépôt légal : Décembre 2022*

Je ne sais pas comment
composer un remerciement.
...

*Merci à ce qui me donne
envie d'écrire. Et ceux, aussi.*

Avant *p.10*

Début *p.20*

Pendant *p.28*

Début de la fin *p.40*

Pendant la fin *p.46*

Après *p.62*

J'espère **réellement** que jamais tu ne
sauras que c'est de toi dont je parle.

Avant.

J'ai tiré des cartes et ton nom m'est venu en tête. C'est drôle car je ne savais pas que tu te nommais ainsi.

Je crois qu'il m'a regardé, moi et mon short trop petit, moi et mes cheveux sales, moi et la trace de chocolat sur le coin de ma lèvre. Il a souri en me jetant un regard. Je crois.

Il fait du sport sur ma pelouse.
Je trouve ça bizarre.
L'absurdité doit être le prix
à payer pour la possession
de muscles saillants.

La deuxième fois où nous nous sommes parlés, je lui tendais un plateau de nourriture. Ce jour là je me trouvais jolie. J'espérais l'impressionner. Il avait l'air réservé, avec son short noir, son haut rouge et sa casquette retournée.
Ce n'est pas mon type.
Quelque chose me plaît chez lui.
Son sourire timide peut-être.

Il était quatre heures du matin.
Il y avait de la lumière dans le bureau de papa.
Je ne pouvais pas dire que j'avais passé la soirée à te faire rire.
J'ai mis sous silence ton numéro dans mon téléphone.

Je suis arrivée en retard au boulot car nous avons joué ensemble sur la terrasse. *Il était les pièces rouges et moi les jaunes.* Je ne sais plus qui avait gagné la partie de puissance 4. Je crois que nous étions trop concentrés sur nos sourires. Je me sentais si puissante. Comme si j'étais enfin une femme grâce au regard d'un homme. Nous parlions d'autres choses que de Nietzsche, de psychologie et de lecture. Nous parlions pourtant du monde. *L'intimité faisait surface, en douceur.* Nous envoyions des messages discrets et farouches.

Ils flottaient dans l'air comme l'odeur d'herbe séchée et de prune.

Je ne sais pas ce qu'il se passe en moi.

J'aime bien ses muscles
qui dépassent de son t-shirt.

Début.

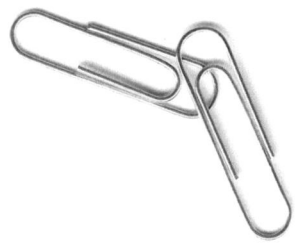

Nous sommes restés une nuit
à parcourir le monde dans nos
pensées. Tu m'as parlé de ton père
et cette fragilité m'a plu.
Je suis restée distante de toi
jusqu'à la fin. Comme si j'étais
trop «quelque chose» pour tomber
amoureuse. Ensuite, nous avons
grimpé sur des bottes de pailles.
J'aimais bien ta veste kaki.
Je pensais que j'étais trop bien pour
toi. Comme si j'avais le cerveau que
tes muscles n'avaient pas.
Mon corps a toujours été de trop
alors j'évite les jolis garçons.
Et... j'ai eu envie de regarder les
lignes de ta main.

Merde.

Ta main était toute douce.
Avec tes longs doigts de pianiste
et le duvet sur tes phalanges,
j'avais l'impression de tenir
une marguerite fragile avec
ses pétales soyeux.
Elle était chaude comme un sofa
en hiver devant un film de Noël.
Je sentais les pulsations de ton
cœur. Il battait vite.

J'ai dû te la lâcher mais j'avais
envie de la reprendre,
d'y glisser mes doigts,
de faire du tricot,
d'y poser mes lèvres.
J'aurais bien voulu goûter à son
éloquence.

J'aime ce temps précieux
que nous prenons pour nous
rencontrer.
Le corps d'abord.
Les sentiments suivent au pas
de course, l'électricité qui nous
traverse. Tendrement.
J'aime ces sensations modestes,
ces conversations candides.
J'aime que cela soit simple.

*Tu m'ancres étrangement dans
mon corps.*

J'étais un cœur à prendre,
et tu as commencé par ravir mon
corps : un doigt frais sur mon bras,
un sourire dans le ventre.
Une semaine plus tôt, un ange
m'avait prévenu de ton arrivé,
mais il faut du temps pour lire
les messages du ciel.

Tu t'es posé sur mes grosses
montagnes d'émotions pour leur
dire d'aller se faire foutre.
Il ne me semble pas t'avoir
entendu me demander si j'étais
d'accord pour te faire de la place,
à l'intérieur.

Je crois que les choses les plus belles arrivent souvent lorsque l'on s'y attend le moins.

J'avais prévu la chose mais toi, dans tout ce que tu es, qui me ressemble et m'oppose, je ne t'avais pas prévu.

Pendant.

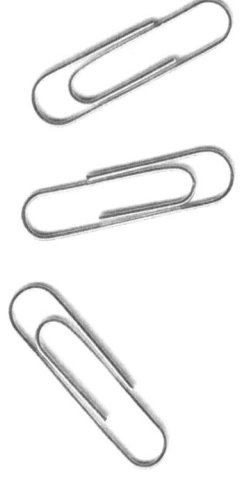

Avant, il y avait tellement de chose dont j'avais peur parce que je garde les mauvais souvenirs comme des trophées. Tu n'as pas lavé toutes ces habitudes noires mais tu as commencé à en éclaircir certaines, sans le faire exprès.
Et je me demande si l'amour fonctionne comme ça.
Tout le temps, pour tout le monde.
Pas de syndrome de l'infirmière mais avoir le pouvoir de créer des vagues pour chasser les anciennes pluies.

On m'avait parlé de ces papillons
au fond du ventre qui créent des
nids. J'en avais déjà ressenti.
Mais c'est différent ici. Ce sont mes
sentiments qui s'accordent avec le
reste et qui les ameutent.
Je ne parle pas d'une simple
réaction physique *adolescente*.

Je parle de ce léger feu qui
réchauffe les nuits fraîches et qui
laisse doucement venir le reste.

Tu ne peux pas savoir comme cela me fait du bien de ne pas tomber de la falaise par affection.
J'ai toujours vécu l'amour comme une chose grande et sensationnelle. Comme s'*il* était une petite mort inénarrable.

J'avais tellement besoin d'un rien.
D'une soirée aux étoiles, d'un rire tranquille, d'une main cachée sous la table. Pas d'une passion qui t'assoit jusqu'à ce que tu deviennes une énergie sans âme.
Un corps que tu traînes.
Finalement, sans le savoir, *j'avais peut être besoin de toi.*

J'espère que je ne te fais pas peur
avec ces *«je t'aime»* qui traînent.

On a passé des nuits qui ont
duré des jours.
On se sera rattrapé sur l'avenir.

Tu as peut-être pris mon cœur.

Pas pour le garder mais pour le réchauffer.

Je ne sais pas de quoi la vie est faite mais vivre un bout ensemble me paraît équitable.

Entre nous ce que je préfère ce n'est pas le corps. Ce n'est pas le feu.
Ce ne sont pas les frissons.
Ce ne sont pas les papillons.

C'est cette chose inexplicable qui fait que l'on s'aime.
Parce qu'on est différent, parce qu'on ne se comprend pas toujours.
Parce que nos signes ne sont même pas compatibles.
C'est comme si dieu avait voulu qu'on soit à deux.
J'ai aucune explication et ça fait chier mon cerveau qui fait les cent pas.
Mais mon ventre s'associe avec mon troisième œil pour me demander de me taire et de regarder.

Toi et moi c'est un peu comme le bruit du monde.
Et ça ce n'est pas rien.
Alors peut être que je ne sais rien de l'amour et que je n'arrive pas à aimer. *Peut être que toi non plus ?* Mais on dirait que là haut on est venu nous apprendre à aimer plus.
En général.
On va peut être s'aider *à Aimer.*

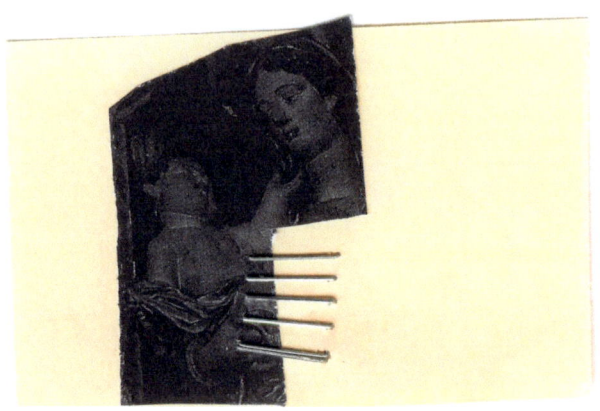

Je n'ai pas d'explication mais j'ai cette tendresse sans nom, qui m'attire vers toi.

Début de la fin.

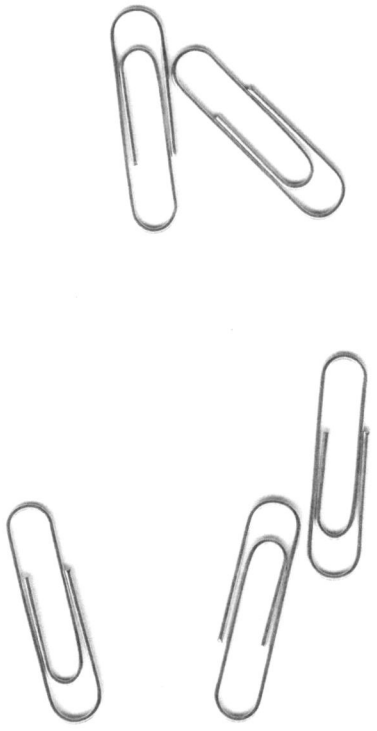

Je cuisine une partie de tristesse.
J'y ajoute ma foi en l'univers et la gratitude d'avoir avec moi l'amour.
Et quand tout ça cuit, il y a un peu de douleur dans le four.
Même mon corps est triste.

J'avais tellement envie de ce futur que je m'étais autorisée à imaginer. J'y pensais hier encore. Mais je m'étais doutée que la recette était foireuse car j'avais commencé à m'habituer à dormir sans laine.
Maintenant il faut que je me batte pour me dire que ce n'est pas de ma faute.

J'ai tellement envie de pleurer
à gorge déployée.
J'aurais dû laisser s'enfuir les
larmes quand c'était le moment.
Appuyer sur la blessure à vif.
Avoir mal bien fort.
Ne pas m'en remettre.

Pendant la fin.

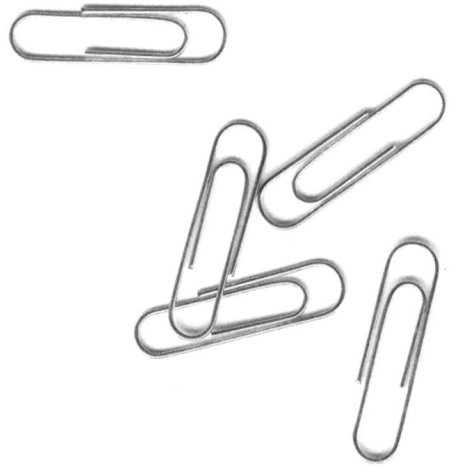

Comment peut-on autant pleurer
pour une histoire de trois semaines ?

Pour toi je suis un grain de sable
dans une salade propre : inutile,
grisante, fâcheuse.
Pour moi tu es la cerise sur un de
mes gâteaux moches : amoureuse.

J'ai tellement envie
de t'envoyer un message.

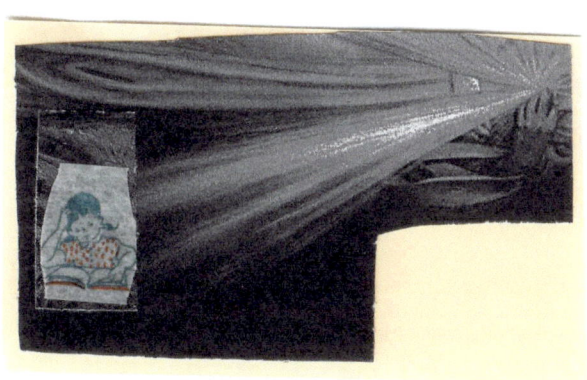

J'ai ri, à gorge déployée.
J'ai sauté toutes les étapes du deuil amoureux.
Il faudrait que je passe directement à l'oubli mais il y a une photo de cette histoire en attente.
Ça me donne envie de prendre un bus vers nulle part. J'irai élever des chèvres et je ferai du fromage.
Je vendrai des gâteaux tristes que je décorerai joliment.

Il y a encore des je t'aime que je veux te dire.
Te les confier comme un secret.
Au creux de ton oreille pendant que j'aurai ta queue entre mes mains.
Pour que tu aies envie d'être à moi.
Et d'autres mots aussi doux, aussi forts, chuchotés sur ton torse pendant que je m'y collerai nue.
Tu me répondras: "*je t'aime aussi*".
Et je te dirai d'aller te faire foutre car on ne rajoute jamais un "*aussi*" à une fille qui t'aime autant.

Si tu savais comme j'ai envie de t'aimer encore. J'ai envie de t'aimer pour envoyer se faire foutre la vie et ses impératifs. Pour sentir en moi exploser le bonheur.

Je rêve encore de toi qui rentre en moi. Je veux que tu sois mon bouche trou d'amour.

Tu m'as montré ce que c'était que d'être amoureuse, du bon côté. Maintenant je me demande simplement comment on peut aimer au point de dire qu'on a changé et puis désaimer au point de faire en sorte que l'autre devienne un fantôme.

J'ai tellement envie de t'envoyer un message. Parce que j'ai envie d'entendre ta voix, ton rire tremblant. Comment avons nous fait pour en arriver là ? Et, est-ce qu'il n'y a vraiment pas moyen de recoller *tes sentiments* ?

Ce qui me retient de venir te voir
ce n'est ma force intérieure, c'est la
peur que tu me détestes.

Que tu ne m'aimes plus.
Je me dis que ça arrive.
Mais que je devienne une étrangère
pour toi, ça, je ne le comprends pas.

Je me dis que t'es un gros naze
qui ne me méritait pas.

Pourtant je continue d'être triste
et je rêve encore de toi. Dans la
voiture je t'imagine m'appeler.
Je crée des scénarios où tu
viendrais me chercher après les
cours avec une rose.
Je me sens bête, fébrile.
L'idée de l'amour me tient debout.

Je sais que tu ne pensais pas à
moi en partageant cette phrase.
Et ça me tue le cœur.
J'ai peur que tout n'ait été
qu'une mascarade.
Un amour ridicule.
Une punaise sur ton bureau.

Je pourrais écrire un livre sur ce
mois stupide entre nous.
Toi, tu ne laisses que des
morceaux de phrases qui ne
parlent même pas de moi.

J'ai envie que tu sois là. Que tu me malmènes. Que tu me baises. Pour toi ça ne devait pas être incroyable. Tu as eu tellement d'autres filles avant moi.

Je n'ai qu'une partie de puissance 4 dont je ne me rappelle plus le nom du gagnant.

J'ai l'impression de devoir te dire
au-revoir une dernière fois.

J'aimerais un baiser, pour me sentir mieux. Une nuit d'amour et de rire pour laisser s'en aller les larmes.

Quand est-ce que je
n'aurai plus mal ?

Il me reste encore tellement de peine
que je m'effondre encore sur le lit,
avec ton pull comme amant idéal.

J'ai tellement peur que tu m'oublies,
que tout aille trop vite.
Et la fatalité de ces angoisses me
met fasse au mouvement de la vie.
Je veux te remplacer, pour t'oublier.
Et c'est la peur qui a sonné après
toi. Emplissant un vide par cet autre
coeur, tout noir.

J'aimerais que tu m'aimes encore
pour que l'on ait pas à faire semblant.
Découvrir un autre amour auquel tu
m'as habitué.

Je ne veux pas te dire à bientôt,
mais c'est une nécessité si je veux
t'aimer encore.
T'aimer en retrait et faire de la place
à d'autres amours.

J'ai maintenant cette impression hideuse d'avoir à réapprendre l'amour. Parce que tu m'as montré que ça pouvait être beau quand c'était fait à deux. Je dois retrouver l'équilibre du devoir singulier de s'aimer seule.

J'aurais aimé que l'on se tienne la main un peu plus longtemps encore. Que l'on regarde les étoiles. Pas pour toute la vie mais seulement le temps de traverser une rivière.

J'ai envie de savoir que tu souffres.
Pas parce que je ne veux pas que
tu sois heureux. Je ne suis pas
dirigée par une haine ou une envie
quelconque de vengeance.
Je veux pouvoir me dire que cette
brève histoire a compté pour toi,
et moi avec.
Imagine moi apprendre que tu as
rapidement tourné la page.
L'inégalité de cet amour me ferait
tomber à la renverse.
Je n'arrête pas de me demander si
c'est le cas. Je dors encore avec
ton pull, en forçant mon cerveau
à me rappeler de ton odeur. Tu as
sûrement déjà fait une machine
avec le t-shirt que j'avais porté.
Peut être que toi aussi tu souffres.
Le temps que ton corps s'habitue lui
aussi à l'absence de l'autre. Je n'ai
aucun signe de ta part pour apaiser
ces angoisses. Ce qui est normal
puisque nous nous sommes dit :
«*à bientôt*».

Quand est-ce qu'il ne sera plus
assez tôt pour que je puisse
venir t'embrasser à nouveau ?

Est-ce que c'est toi qui me manque
ou l'Amour ?
Est-ce, la manière que tu avais
de m'embrasser rapidement les
cheveux qui me manque, ou le fait
d'être aimée ?
Est-ce, ta manie de toujours plisser
les yeux quand tu ris qui me
manque, ou la sensation de chaleur
qui parcourait mon ventre ?
J'aimerais dire : *«j'étais amoureuse
de toi»,* pour n'avoir en manque que
l'amour avec un A majuscule.
Je t'aime encore.

C'est ton départ qui m'insupporte.

Je ne veux pas guérir de toi.
Je te veux toi.

Au revoir.

Jusqu'à ce que le *«je t'aime»*
ne fasse plus aussi mal.
Que la peine de l'écho
devienne invisible.

Je lui ai envoyé un message.

Après.

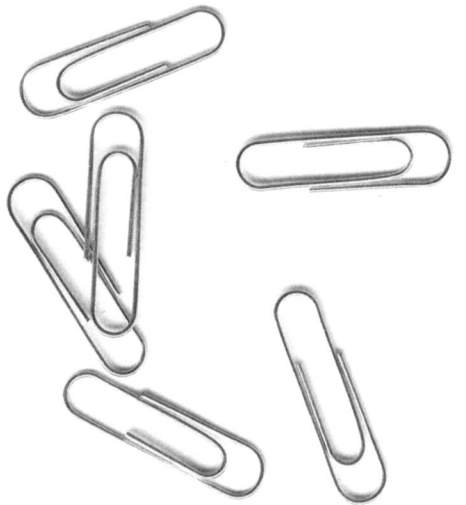

Le battre pour m'aimer.
M'empêcher de me dire que c'est à cause de moi que je n'ai pas ce futur.

Je ne sais pas pourquoi je dors
encore avec t/son pull.

Ça m'arrive encore d'avoir mal
par rapport à nous.

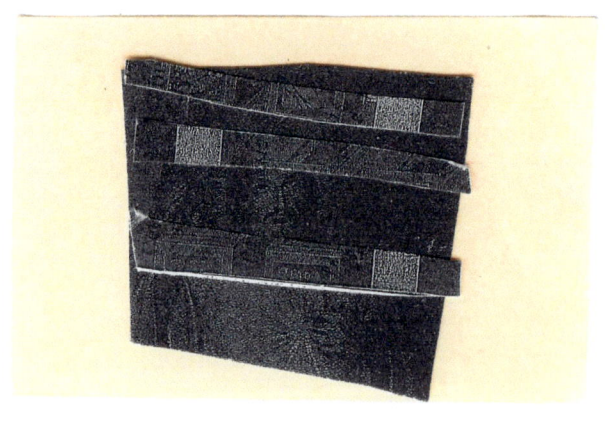

Il y a bientôt an un que nous
nous sommes rencontrés. Tu es
parti plus vite que tu es arrivé et
ce n'est pas vraiment toi qui me
manque mais ta tendresse.
Je m'autorise aujourd'hui à te
dire que ce n'est peut être pas
toi que j'aimais, mais ta capacité
à m'aimer. Pour la première
fois, j'ai eu l'impression qu'on
voulait m'embrasser.
J'ai envie d'écrire sur tout
l'amour que j'avais pour toi.

Je suis un peu déséquilibrée,
je l'avoue. Je n'ai pas réglé
mes peines. J'attends encore.
C'est pour cela que des
histoires comme la nôtre me
font trembler, m'ancrent aussi,
beaucoup. Cela me fait oublier
que je suis toute seule.

Tu m'as rappelé l'abondance
à l'intérieur de mes néants.

J'espère que jamais tu ne sauras que c'est de toi dont je parle.

MIXTE
Papier issu de sources responsables
Paper from responsible sources
FSC® C105338